# BEI GRIN MACHT SICH IHR
# WISSEN BEZAHLT

- Wir veröffentlichen Ihre Hausarbeit,
  Bachelor- und Masterarbeit

- Ihr eigenes eBook und Buch -
  weltweit in allen wichtigen Shops

- Verdienen Sie an jedem Verkauf

## Jetzt bei www.GRIN.com hochladen
## und kostenlos publizieren

# "Schluss mit Überfluss!" Zu welchen Gunsten und Kosten sollte ein Unternehmen aus heutiger Perspektive geführt werden und warum?

Christian Hermann

**Bibliografische Information der Deutschen Nationalbibliothek:**

Die Deutsche Nationalbibliothek verzeichnet diese Publikation in der Deutschen Nationalbibliografie; detaillierte bibliografische Daten sind im Internet über http://dnb.d-nb.de abrufbar.

ISBN: 9783346337313
Dieses Buch ist auch als E-Book erhältlich.

© GRIN Publishing GmbH
Nymphenburger Straße 86
80636 München

Druck und Bindung: Books on Demand GmbH, Norderstedt Germany
Gedruckt auf säurefreiem Papier aus verantwortungsvollen Quellen

Das vorliegende Werk wurde sorgfältig erarbeitet. Dennoch übernehmen Autoren und Verlag für die Richtigkeit von Angaben, Hinweisen, Links und Ratschlägen sowie eventuelle Druckfehler keine Haftung.

Das Buch bei GRIN: https://www.grin.com/document/978196

Department Hamm 2

Interkulturelle Wirtschaftspsychologie

# „Schluss mit Überfluss! – „Zu welchen Gunsten und Kosten sollte ein Unternehmen aus heutiger Perspektive geführt werden und warum?"

## Leistungsnachweis Ethik

**Durchführende Personen:**

Christian Hermann

Datum der Abgabe: 10.01.2020

# Inhalt

# Einleitung

Das Kunstwerk „der Garten der Lüste" von Hieronymus Bosch entstand um das Jahr 1500 herum und zeigt eine ganz besondere Geschichte in Form eins Triptychons (Anhang). Auf dem linken Flügel des Bildes sieht man die Schöpfung, Adam und Eva im Paradies. Große Vogelschwärme ziehen umher, es sind noch andere Tiere zu erkennen und einige religiöse Bildmotive.

Interessanter wird das Ganze im mittleren Teil des Bildes. Hier werfen die Totsünden ihren ersten Schatten voraus. Überbevölkerung, Ausschweifungen, Exzess und alles im Überfluss vorhanden.

Der rechte Flügel des Bildes gleicht einem Albtraum. Eine düstere und verbrannte Szenerie. Ein Paradies, das angegriffen und zerstört wurde.

Vor dem heutigen Hintergrund könnte dieses Bild nicht aktueller sein, obwohl es schon vor über 500 Jahren entstanden ist. Momentan spielt sich ein ähnliches Bild auf der Erde ab. Während die Schöpfung bzw. die Entstehung der Erde schon lange zurück liegt befindet sich die Menschheit gerade im Zustand des mittleren Bildes von Hieronymus Bosch und droht sogar zu kippen auf die rechte Seite „die Hölle", wenn viele Dinge in Zukunft unverändert bleiben.

Aktuelle Probleme wie der Klimawandel, die Flüchtlingskrise, große politische Bewegungen des rechten Lagers, künstliche Intelligenz und der damit befürchtete Wegfall vieler Jobs und andere Herausforderungen zeigen, dass das Paradies des Wohlstands droht zu zerfallen.

Dreh und Angelpunkt bei diesen Problemen sind die vielen multinationalen Unternehmen dieser Welt und die Macht ihrer Industrie, in der sie agieren. Schließlich sind es längst nicht nur Politiker, welche Politik betreiben, sondern auch Unternehmen, die mit ihrer Macht und ihrem Kapital viel bewegen können und dies schon längst tun (Kentrup, Hoffjan, & Lachmann, 2013). Nur machen sie das auch zu Gunsten der Menschen und der Umwelt? Vor diesem Hintergrund stellt sich eine zentrale Frage, die im weiteren Verlauf tiefer behandelt wird:

*„Zu welchen Gunsten und Kosten sollte ein Unternehmen aus heutiger Perspektive geführt werden und warum?"*

## Struktureller Aufbau

Nach der anfänglichen Einleitung wird zunächst der aktuelle Zustand der Welt erfasst. Dabei wird auf die Dimension des Menschen an sich eingegangen, daraufhin die Veränderung der Unternehmen im aktuellen Zeitgeschehen und anschließend die Auswirkungen auf die Umwelt, die mit dem modernen Leben einhergeht. Aufgrund der Tatsache, dass Unternehmen in diesem komplexen Geflecht des Wandels eine zentrale Rolle spielen, werden diese vertiefend betrachtet. Dabei geschieht eine Unterteilung, in der Unternehmen von außen betrachtet werden in ihrem Zusammenspiel zwischen Umwelt und Konsumenten sowie die Betrachtung des Innenlebens eines Unternehmens mit dem Fokus der reziproken Beziehung zwischen Arbeitgeber und Arbeitnehmer. Anschließend nimmt die Philosophie inhaltlich einen Teil ein. Die Philosophie hat die Eigenschaft bestehende Auffassungen einer Zeit zu hinterfragen und neue Dinge in Betracht zu ziehen. Reflexion ist hier ein großes Stichwort. Diese Fähigkeit ist heute wie gestern wichtig, um unsere Demokratie am Leben zu halten. Ein Zitat vom Philosophen und Begründer der Essayistik Michel de Montaigne bringt es auf den Punkt: „Philosophieren heißt zweifeln." Gerade die Disziplin der Ethik, welche die Frage nach dem guten und schlechten Handeln analysiert kann helfen Unternehmen, Gesellschaften und Individuen bessere Entscheidungen treffen zu lassen. Abschließend kommt es zum Rückgriff auf die Einleitung und einer Beantwortung der anfänglichen Fragestellung.

# Hauptteil

## Der Mensch

Wir leben aktuell in der westlichen Welt in einer Überflussgesellschaft. Unser Wirtschaftssystem basiert auf stetigem Wachstum und die Menschen können mehr konsumieren als in der bisherigen Menschheitsgeschichte. Doch hat das auch zu mehr Glück geführt? Nein, denn es „[...] zeigt sich dasselbe Bild: steigende durchschnittliche Einkommen, konstantes Glück, obwohl der materielle Wohlstand seit dem 2.Weltkrieg enorm angestiegen ist" (Binswanger, 2010, S. 283).

Es leben mehr Menschen denn je auf dieser Erde (UN DESA (Population Division), 2019), wir werden alle älter (OECD; World Bank; Nationale statistische Ämter, 2019) und die Welt wird immer „kleiner". Kleiner aus der Perspektive, dass wir alle enger mit einander vernetzt sind. Der Kapitalismus hat es geschafft binnen weniger Jahre ein massives Netz auszurollen, welches sehr vielen Menschen heutzutage ein Smartphone verschafft hat (Newzoo, 2019).

Dies führt zu einer Disruption der Art und Weise wie wir kommunizieren. Im privaten Sinne können dadurch die Menschen jeweils am anderen Ende der Welt sein und dennoch in Echtzeit miteinander in Kontakt stehen und so neue Freundschaften entstehen lassen.

Aufgrund dieses schnellen Wandels sind oftmals Dinge, die heute noch selbstverständlich sind, morgen wieder ganz anders. Unsere Lebenswelt ändert sich ständig und der Mensch wird ruhelos. Das spiegelt sich unter anderem in der sinkenden Aufmerksamkeitsspanne wieder (Gausby & Consumer Insights Lead, Microsoft Canada, 2015).

Mit dem Tempo der heutigen Zeit versucht die Weltbevölkerung natürlich standzuhalten indem sie ihre eigene Effizienz steigert. Man versucht sich in allen Lebensbereichen zu optimieren, um so ein Gefühl der Kontrolle zu erlangen in einer immer undurchschaubareren Zukunft. Arbeit und Privates lässt sich wegen den digitalen Errungenschaften wie das Smartphone, immer weniger voneinander trennen und die Produktivität sowie Beschleunigung frisst sich in den Alltag. Keine Zeit zu haben wird fast schon als Statussymbol gesehen und so häufen sich psychische Erkrankungen und damit einhergehende Ausfallzeiten bei der Arbeit (BPtK).

Darüber hinaus hat sich das Erwerbsmodell verändert. Der gradlinige Lebenslauf, in dem man 40 Jahre im selben Unternehmen verbringt, nimmt ab. Die Menschen sehnen sich nach sinnstiftender Arbeit und wollen ihrer Leidenschaft nachgehen. Damit geht einher, dass sich der Führungsstil verändert hat, weg von aufgaben- und machtorientierter hin zu mitarbeiter- und bedürfnisorientierter Führung.

## Die Wirtschaft

Die Wirtschaft hat ebenfalls eine ganz neue Dimension angenommen. Unternehmen agieren von nun an nicht bloß in ihrem Markt, in welchem sie sich positioniert haben, sondern international und stehen mit anderen Unternehmen aus aller Welt in Konkurrenz. Das Tempo, in dem die Unternehmen reagieren müssen, hat folglich zugenommen. Man muss die Konkurrenz und vor allem auch seine Kunden im Auge behalten, denn nicht nur die Umwelt verändert sich schneller denn je, sondern auch die Menschen werden in ihrem Verhalten immer unberechenbarer. Nicht nur die Menschen außerhalb des Unternehmens haben sich gewandelt, sondern auch diejenigen, die sich im Unternehmen befinden, die Mitarbeiter. Der Aspekt ein attraktiver Arbeitgeber zu sein ist von großer Bedeutung, um gute und langfristige Mitarbeiter für ein Unternehmen finden zu können. Und dieser Punkt sollte nicht nur nach außen repräsentiert werden, sondern auch von innen gelebt werden, denn sonst sind die neuen Mitarbeiter schneller weg als gedacht. Abgesehen von den veränderten Bedürfnissen der Menschen in Unternehmen hat sich die Digitalisierung auch längst in die Unternehmen eingeschlichen und nimmt eine enorme Rolle ein. Ganze Geschäftsbereiche müssen umgestellt werden aufgrund des digitalen Fortschritts, ansonsten wird man nicht mehr lange mit der Konkurrenz standhalten können. Darüber hinaus wird Künstliche Intelligenz in Zukunft viele Aufgaben übernehmen, die heute noch von Menschen gemacht werden (Henning, 2019).

Damit bricht ein neues Zeitalter ein und die Folgen davon sind noch nicht auszumalen. Es ist vergleichbar mit der Industrialisierung, wo der Agrarstaat von einem Industriestaat abgelöst wurde und nun bricht ein digitales Zeitalter an, wo auch ganze Sektoren durch Künstliche Intelligenz ersetzt werden und neue entstehen lassen.

## Die Umwelt

Unternehmen oder Organisationen im Allgemeinen stehen immer in Wechselbeziehung mit ihrer Umwelt. Mit Umwelt ist jetzt nicht die Konkurrenz gemeint oder Stakeholder, Lieferanten etc., sondern die Umwelt im Sinne der Natur. Natürlich verbrauchen Unternehmen Ressourcen und wirken so unmittelbar auf die Umwelt ein. Die Klimakrise ist aktuell neben der Digitalisierung eine der größten und folgenreichsten Herausforderungen der Menschheitsgeschichte. Der steigende Meeresspiegel, häufigeres Auftreten von Dürren, der stetige Temperaturanstieg, Artensterben und das massive Plastikproblem unserer Zeit sind nur paar ein paar Folgen der Klimakrise, die wir heute schon spüren. Es spüren größtenteils diejenigen, die gar nicht die Verursacher des Klimawandels sind, während wir in den Industriestaaten weiterhin unseren Wohlstand auf Pump genießen. Auch wenn die amerikanische Regierung und viele andere Menschen die Existenz des Klimawandels leugnet, ist er schon längst Realität (Batthyany, 2017).

Wir sollten jedoch angesichts dieser Probleme nicht im Ausmalen von katastrophalen Szenarien versinken, sondern die Energie darauf aufwenden, den Wandel der damit zwingend einhergehen muss auf individueller sowie globaler Ebene, in die Wege zu leiten. Für diesen Wandel müssen viele politische Entscheidungen her. Doch diese politischen Entscheidungen und Beschlüsse sind nichts wert, wenn die riesigen und machtvollen Lobbys der großen Industrien gegen die Umweltpolitik ankämpfen und am Status quo festhalten.

Ein anschauliches Beispiel für diesen vehementen Kampf der Lobbys ist das Verbot von Plastiktüten in den USA. Die USA ist der größte Verbraucher von Plastiktüten auf der Welt und in einigen Bundesstaaten konnte sich die Politik durchsetzen und die Plastiktüten aus den Läden verbannen. Doch in andere Bundesstaaten hat die Öl- und Plastikindustrie so stark gegen das Verbot gekämpft, sodass jetzt in diesen Bundesstaaten es gar nicht mehr möglich ist Tütenverbote durchzubringen. Denn nicht nur die Tüten an sich haben jetzt weiterhin bestand, sondern sie verbieten sogar Tütenverbote in Zukunft überhaupt erst durchbringen zu können (Barth, 2018).

# Der stetige Wachstumsdrang und Unternehmen in ihrer Beziehung zur Umwelt

Doch wie konnte es überhaupt so weit kommen, dass Unternehmen eine derart große Macht haben und in der Lage sind politisch große Einflussnahme zu nehmen. Das liegt wohl und übel am System in dem Unternehmen agieren. Dieses System zwingt die Unternehmen von Jahr zu Jahr effizienter zu werden und mehr Profit zu machen. Profitabilität steht an erster Stelle, denn sonst holt die Konkurrenz einen früher oder später ein. Per se ist der Wachstumsgedanke unseres Wirtschaftssystems jedoch nicht schlecht. Schließlich ist dieses System auch dafür verantwortlich, dass der Wohlstand weltweit stetig gewachsen ist und die Leute Arbeit finden.

Und der Konsum steigt, denn dieser hält das System aufrecht. Um diesen Konsum aufrecht zu erhalten betreiben die Firmen aggressives Marketing. Marketing ist eine Methode, um die Bedürfnisse der Kunden genau zu erfassen, um so Bedürfnisse gezielter zu befriedigen und vor allem um neue Bedürfnisse, die vorher nicht da waren zu wecken. Im besten Fall kauft der Konsument jedes Mal das neuste Produkt, obwohl er schon genug von den anderen hat, weil das Marketing der großen Firmen es schafft neue Begierden im Konsumenten zu wecken auch wenn der Unterschied zum vorherigen Produkt nicht so groß ist. Um hier noch einmal den Umweltaspekt aufzugreifen, sollte man wissen, dass die Auswirkungen auf die Umwelt für die Unternehmen zweitrangig sind. Denn sie stecken im Zahnrad des Wachstums fest und stehen in Konkurrenz mit anderen. Daher ist davon auszugehen, dass die Verkaufszahlen und der damit steigende Profit im Fokus stehen.

Vor dem Hintergrund der aktuellen Klimadebatte, Bewegungen wie Fridays for Future und der polarisierenden Wirkung der Klimaaktivistin Greta Thunberg, springen die Unternehmen auf das Pferd der Umweltfreundlichkeit mit auf.

Tun sie das aus Liebe zur Umwelt?

Das kann man bezweifeln. Es hat sich einfach durch die Medienpräsenz dieser Thematik ein neuer Markt für Marketingzwecke eröffnet, wo jedes Unternehmen darum kämpft als umweltfreundlicher nach außen hin zu gelten. Das Thema hat einen eignen Begriff und nennt sich Greenwashing. Umweltfreundliches und verantwortungsbewusstes Marketing bildet hier den Kern von neuen Kampagnen. Dabei ändert sich in Wirklichkeit wenig an den Praktiken der Firmen.

Eines der meist zitiertesten Beispiele zum Thema Greenwashing ist von der Ford Motor Company. Mit ihrer Kampagne „It isn`t easy being green" für ihren Hybrid-SUV Escape haben sie sich als besonders umweltfreundlich präsentiert. Dabei hatten die Autos den schlechtesten $CO_2$-Ausstoß und die schlechteste Kraftstoffeffizienz im Vergleich zu anderen großen Automobilherstellern. Mit Greenwashing werden die Konsumenten getäuscht und es birgt Gefahr, dass sie nicht unterscheiden können zwischen Produkten, die wirklich umweltfreundlich sind und solchen die es nicht sind, aber so dargestellt werden. Und am Ende dieser Folgenkette leidet die Umwelt nach wie vor, weil so die Gefahr besteht, dass einige Konsumenten nicht mehr viel Wert auf Umweltschutz bei ihrem Konsum legen, denn sie werden ja sowieso von Unternehmen getäuscht (Furlow, 2010).

Sollte es nicht Standard sein, dass die Firmen den Umweltaspekt in ihren Produkten von vornherein mitberücksichtigen?

Ja das sollte Standard sein, denn langfristig sägen sich die Unternehmen mit dieser Haltung den Ast ab, auf dem sie sitzen. Sie beuten ihre eigenen Ressourcen aus, ohne die langfristigen Folgen zu berücksichtigen. Unternehmen und die Politik wälzen oftmals die Verantwortung für umweltbewusste Entscheidungen auf den Konsumenten ab. Schließlich haben wir alle selbst die Wahl zwischen Produkten, die unter fairen Bedingungen oder unter fragwürdigen Umständen hergestellt werden. Der Konsument hat die Kraft zur Veränderung und diese herbeizuführen, denn die Nachfrage regelt das Angebot. Angesichts der aktuellen Umstände ist es jedoch absurd den Individuen, die Verantwortung dafür zu geben ob sie Konsumentscheidungen zu Gunsten der Umwelt treffen. Und wenn letztendlich doch die Verantwortung beim Konsumenten bleibt, dann sollten die Güter wenigstens preisgeben wie viel Emissionen sie verursachen oder noch besser wir lassen den Preis einfach sprechen und drehen den Spieß um. Denn oft heißt es im Volksmund ökologische Produkte können sich nur die Besserverdiener leisten und tatsächlich sind auch viele nachhaltige Produkte teurer aber warum? Die Politik sollte unökologische Produkte teurer werden lassen und ökologische günstiger, denn wenn es um den Preis geht ist die unsichtbare Hand des Marktes wie einst Adam Smith beschrieb zuverlässig. Günstigere Produkte haben meist eine höhere Nachfrage zumindest in der breiten Bevölkerung. Fest steht, dass der Umweltaspekt in der Wertschöpfungskette von Unternehmen großer und fester Bestandteil sein sollte und dem kann die Politik mit Auflagen verhelfen.

Beispielsweise mit einer $CO_2$-Steuer, die aktuell kontrovers diskutiert wird. Ein Problem bei der $CO_2$-Steuer wäre, dass es nicht viel bringt, wenn nur Deutschland oder selbst die EU dieses Konzept durchsetzt. Unternehmen, die in der EU ansässig sind und hier produzieren, würden schnell das Weite suchen und ihre Standorte in Länder verlagern, wo es solche Auflagen nicht gibt wie zum Beispiel in Südostasien. Das tun die Unternehmen ohne hin schon, nur wäre das Ausmaß ein viel Größeres.

Eine gute Gegenidee ist der aktuelle Entwurf der Präsidentin der Europäischen Kommission Ursula von der Leyen. Sie plädiert für einen Klimazoll. Nur wie soll das ganze funktionieren?

Das Konzept des Klimazolls am Beispiel einer Zwiebel:

„Ein Kilo des Gemüses kostet in der Herstellung in Deutschland etwa 30 Cent, in Neuseeland sind es 20 Cent. Neuseeländische Zwiebeln könnten in Europa überhaupt nur zu konkurrenzfähigen Preisen angeboten werden, weil die Kohlendioxidemissionen auf dem Transportweg von Europa nicht mit Abgaben belegt werden. Denn wenn die EU etwa eine $CO_2$-Steuer einführen würde, dann würden davon im Ausland hergestellte Waren nicht erfasst werden" (Pinzler, 2019).

Das Beispiel der Zwiebel zeigt, dass es durchaus attraktiv erscheint Güter im Ausland herstellen zu lassen wo schlicht und einfach, das Klima beispielsweise günstiger ist für den Anbau von Zwiebeln. Es werden jedoch die langen Transportwege und die damit verbundenen Emissionen außer Acht gelassen, die dafür notwendig sind, um die Zwiebel aus Neuseeland nach Deutschland zu bringen. Natürlich werden die Kosten, die die Umwelt tragen muss, nicht auf den Landwirt in Neuseeland abgewälzt und er kann hier weiterhin gute Geschäfte machen. Im Kern des Klimazolls steht jedoch gerade dieser Gedanke. Denn eine $CO_2$-Steuer auf EU Ebene würde den Zwiebel Verkäufer aus Neuseeland nicht daran hindern seine Zwiebeln in Europa zu verkaufen. Ein Klimazoll schon. Hier würden die Emissionen mit in den Preis eingerechnet werden und der Neuseeländer müsste an der EU-Grenze Zollgebühren zahlen.

Wie man sieht Handlungsansätze gibt es viele und man könnte die Liste an Vorschlägen weiterführen, aber zusammenfassend lässt sich sagen: Die Unternehmen müssen es deutlicher spüren, dass ihr bisheriges wirtschaften nicht mehr tragfähig ist für die Zukunft. Die Klimakrise wird uns früher oder später dazu zwingen den aktuellen Lebensstil zu verändern. Treffender könnte der Satz von Karl Schiller nicht sein: "So viel Markt wie möglich und so viel

Staat wie nötig." Momentan ist mehr Staat gefragt als Markt, denn wie man sieht schert sich der Markt nicht großartig um die Umwelt und wenn der Markt es nicht tut, sollte der Staat eingreifen. Viele Liberale würden jetzt anmerken, dass dies im Widerspruch zum freien Markt steht. Doch um viele unserer jetzigen Freiheiten, die wir genießen in Zukunft wahren zu können sind Einschränkungen, die der Umwelt zu Gute kommen unumgänglich. Darüber hinaus sollte man mehr an die moralische Verpflichtung der Unternehmen appellieren ihre Umwelt entsprechend würdigend und schonend zu behandeln und sie nicht scharmlos auszubeuten. Sie sind auch nur Gast auf dieser Erde und bedienen sich an den natürlichen Ressourcen, als hätten sie diese selbst geschaffen.

Umweltfreundliches Handeln sollte nicht nur eine Utopie in den unzähligen Marketingkampagnen der Unternehmen sein, sondern längst Realität werden. Und wenn sich die Führungspersonen der Unternehmen nicht dazu verpflichtet fühlen und ihren moralischen Kompass im Wachstumsrausch verloren haben, sollte die Politik nachhelfen. In einigen Fällen können auch die Mitarbeiter viel bewirken.

## Mitarbeiter und ihre Macht

Es sind nicht bloß die Führungskräfte in Unternehmen, die Macht haben, sondern auch die Mitarbeiter. Die Beziehung zwischen Führenden und Geführten ist reziprok. Längst sind es nicht nur die Führenden, die Entscheidungen allein durchbringen, die Tendenz geht dahin, dass auch die Mitarbeiter mitentscheiden wollen. Es geht nicht mehr bloß um Geld verdienen bei der Arbeit, man möchte sich auch mit den Werten und der Unternehmensphilosophie identifizieren. Zwei aktuelle Beispiele beleuchten dieses Phänomen ganz deutlich:

Google zog sich 2010 vom chinesischen Markt ab, denn sie wollten nicht mehr der chinesischen Regierung gehorchen, aufgrund der geforderten Zensuren und den vielen Vorgehen gegen Menschenrechtsaktivisten, wo Google auch eine große Hilfe war für die Regierung. Nach außen hin konnte Google glänzen und hat so der Öffentlichkeit beweisen können, dass sie auch ethische Aspekte in ihren Entscheidungen einfließen lassen. Später stellt sich jedoch heraus, dass Google in einem geheimen Projekt namens „Dragonfly" an einer neuen App speziell für die chinesische Regierung arbeitet. Und ein wichtiger Mitarbeiter fand darüber hinaus eine schwarze Liste mit Begriffen, die für diese Suchmaschine zensiert werden sollen. Dieser besagte Mitarbeiter kündigte daraufhin, weil er nicht mehr hinter solchen Taten des Unternehmens stehen möchte. Andere Mitarbeiter wurden durch diesen Vorfall ebenfalls auf das Vorhaben „Dragonfly" aufmerksam und starteten große Proteste mit einer mehr als tausendfach unterzeichneten Forderung das Projekt zu stoppen. Daraufhin legte Google das Projekt auf Eis (Bota, Fischermann, Nezik, Tatje, & Yang, 2019).

Der Automobil Gigant VW musste eine ähnliche Erfahrung durchmachen. In absehbarer Zukunft muss der Konzern nämlich entscheiden wo künftig das Modell „Passat" gebaut werden soll. Nach einer umfangreichen Standortanalyse entschied sich der Aufsichtsrat für eine Region im Westen der Türkei. Kurz zuvor haben jedoch türkische Truppen brutal in den Syrien-Konflikt eingegriffen, wofür Erdogan zum unzähligen Mal heftig in der Kritik stand. Der geplante Bau des neuen Werks in der Türkei ist somit kurzzeitig verschoben worden, doch auszuschließen ist er nach wie vor nicht, trotz der heftigen Kritik und des Aufruhrs seitens der Mitarbeiter. Viele von ihnen sind gegen das Vorhaben und möchten nicht, dass ihr Unternehmen den skrupellosen Präsidenten Erdogan und seine Kriege durch die Investitionen in die Türkei indirekt unterstützt (Bota, Fischermann, Nezik, Tatje, & Yang, 2019).

Wenn die Moral der Führenden versagt dann sind dennoch die Mitarbeiter da, die ebenfalls die Entscheidungen des Unternehmens zu tragen haben und haben durchaus andere moralische Vorstellungen bei ihren Entscheidungen als ihre Chefs, die dem Druck der Shareholder unterliegen. Immer mehr ist das Verlangen nach Identifikation mit dem Unternehmen da, weil wie bereits anfangs erwähnt der Mensch als Orientierung in einer immer unübersichtlicheren Welt in seiner Arbeit einen Sinn sucht. Und dieser Sinn in der Arbeit ist in den meisten Fällen nicht vereinbar mit rücksichtslosem und unmoralischem Verhalten, in dem Profit an erster Stelle steht. Neben dem ökologischen Fußabdruck von Unternehmen, hinterlassen diese mit jeder Entscheidung, die sie treffen einen Werteabdruck. Diese Entscheidungen, wie beispielsweise das geheime Projekt von Google oder das geplante Werk von VW lassen die wahren Werte des Unternehmens zum Vorschein bringen und nicht die geschönten Werte aus ihren unzähligen Werbeversprechen. Und das merken die Mitarbeiter. Neben finanziellen Aspekten, die eine Arbeit erfüllen sollte, möchten die Menschen in Konsistenz zwischen ihren persönlichen Werten und die des Unternehmens stehen.

Kognitive Dissonanz nennt sich der Konflikt, der in solchen Fällen eintritt. Zwei verschiedene Wertesysteme geraten dabei in einen Kampf. Einerseits ist man dem Arbeitgeber gegenüber verpflichtet und schließlich tut er auch viel für einen mit der Bezahlung, den Bonuszahlungen, kostenlosem Mitarbeiteressen und vielen anderen Benefits, die mittlerweile große Firmen anbieten um ihre Mitarbeiter zu halten. Andererseits ist man mit solchen Vorhaben wie in den Beispielen von Google und VW nicht einverstanden damit, dass diese Benefits damit einhergehen, dass der Arbeitgeber den Profit über alles setzt und moralische Ansprüche in Entscheidungen, wenn überhaupt einen sehr niedrigen Stellenwert einnehmen. So entsteht eine Spannung, die beseitigt werden muss und zur Bewältigung dieser Spannung gibt es verschiedene Strategien. Man kann diesen Konflikt einfach verdrängen, was jedoch langfristig schwierig sein kann. Es besteht die Möglichkeit sich mit positiven Argumenten für eine solche Entscheidung das ganze schön zu reden oder man versucht die Handlung zu revidieren, indem man der Führungsetage Druck macht gemeinsam mit seinen Kollegen und klarstellt, dass man ebenso wie sie das Unternehmen trägt und damit die Konsequenzen, die mit den Entscheidungen einhergehen.

Schlussendlich sind die Mitarbeiter eines Unternehmens das Fundament, mit dem alles steht und fällt. Wenn die Führenden über ethische Aspekte hinwegsehen, dann sind immer noch die Arbeitnehmer in der Verantwortung noch genauer hinzusehen und dafür zu kämpfen eine ethische Unternehmensphilosophie tatsächlich zu leben.

## Philosophieren heißt zweifeln

Fest steht ohne Moral und einem ethischen Kompass, den wir alle mehr oder weniger in uns tragen wäre eine Bereitschaft zu mehr Klimaschutz und allgemein vertretbaren Unternehmensentscheidungen nicht da. Zwar ist dieser Gedanke die Natur mehr ins Blickfeld zu nehmen gerade beim Thema Wirtschaft nicht bei jedem angekommen doch das gesamtgesellschaftliche Interesse und Bewusstsein für das Problem Klimawandel ist größer denn je. Wie wir wissen hat die Klimaproblematik und die Umweltverschmutzung nicht nur weitreichende Folgen für uns alle, bei der Debatte geht es auch oftmals um eine Frage der Gerechtigkeit und mit diesem Thema haben sich viele Philosophen beschäftigt, einer davon ist John Rawls.

Rawls berühmtes Werk „Eine Theorie der Gerechtigkeit" beschäftigt sich ganz intensiv mit dem Thema Gerechtigkeit wie der Titel schon verrät. Das Problem in der Welt liegt darin, dass die Reichen und einflussreichen Menschen keinen Vorteil von mehr Gerechtigkeit hätten, während die Ärmeren, welche durchaus von mehr Gerechtigkeit profitieren würden, keinen Einfluss haben. Dieses Dilemma führt laut Rawls nie zu Gerechtigkeit. Seine Theorie basiert deshalb auf einem Gedankenexperiment: Es handelt sich hierbei um eine fiktive Situation, welche die Frage aufwirft: Was wäre, wenn ich nicht über meine aktuelle Position in der Gesellschaft Bescheid wüsste? Schließlich ist es reiner Zufall mit welchen Privilegien wir geboren werden. Dieses Konzept nennt Rawls den „Schleier des Nichtwissens" und die Menschen entscheiden gemeinsam über ihre zukünftige Gesellschaftsform. „Wir wollen uns also vorstellen, dass diejenigen, die sich zu gesellschaftlicher Zusammenarbeit vereinigen wollen, in einem gemeinsamen Akt die Grundsätze wählen, nach denen Grundrechte- und Pflichten und die Verteilung der gesellschaftlichen Güter bestimmt werden. Die Menschen sollen im Voraus entscheiden, wie sie ihre Ansprüche gegeneinander regeln wollen und wie die Gründungsurkunde ihrer Gesellschaft aussehen soll. [...] Die Entscheidung, die vernünftige Menschen in dieser theoretischen Situation der Freiheit und Gleichheit treffen würden, bestimmt die Grundsätze der Gerechtigkeit" (Rawls, 1975, S.28).

Demnach wird die Gerechtigkeitsvorstellung gemeinsam erarbeitet. Daraus resultieren laut der Theorie zweierlei Dinge:

1. Maximale Freiheit und Chancengleichheit. Die Freiheit Einzelner dürfte demnach nur dann beschnitten werden, wenn die Freiheit aller dadurch erhöht wird und die Einschränkung für den Einzelnen hinnehmbar wäre.

Soziale und ökonomische Ungleichheiten müssten zwei Bedingungen erfüllen:

2.1. Sie dürften nur mit Ämtern und Positionen in Verbindung stehen, die für jeden frei zugänglich sind. Das entspricht dem Prinzip der „fairen Chancengleichheit" nach Rawls.

2.2. Sie müssten den Benachteiligten den größtmöglichen Vorteil bringen. Diesen Gerechtigkeitsgrundsatz nennt Rawls „Unterschiedsprinzip".

Man darf die Chancengleichheit niemals beschneiden nur um den Menschen ein höheres Maß an Wohlstand zu verschaffen. Damit richtet sich Rawls gegen einen maximalen durchschnittlichen Nutzen für die Gesellschaft und für den Schutz vor Selbstausbeutung, die meistens mit einer reinen Nutzenmaximierung einhergeht.

Rawls spinnt diesen Gedanken weiter, indem er sagt, dass eine gute Gesellschaft nicht bloß von der Etablierung der Gerechtigkeitsgrundsätze gekennzeichnet ist, sondern der „Gerechtigkeitssinn" im Allgemeinen das öffentliche Bewusstsein beherrscht (Anzenbacher, 2012, S.256f.).

In der Theorie klingt das ganze vielversprechend, es ist jedoch fraglich so einen Gesellschaftsvertrag, der aus Rawls Theorie resultiert global auszulegen zumindest vorerst. Man kann dennoch auf lokaler Ebene anfangen und sich die Frage stellen was Unternehmen nun davon lernen können?

Moralisches Unternehmertum sollte sich darum bemühen gesellschaftliche Probleme geistorientiert zu lösen und sollte moralische Verantwortung stärken. Das könnte man ganz nach dem Vorbild von Rawls umsetzten und beispielsweise unabhängige Abteilungen bilden, die als moralische Instanz fungieren. Dort können die Mitarbeiter in einem gemeinsamen Diskurs über das gerechte und moralische im Unternehmen entscheiden und unmoralische Vorhaben offiziell melden.

## Schluss mit Überfluss!

Bei den vielen moralischen Dilemmata in unserem System frage ich mich manchmal, ob Wachstum überhaupt funktionieren kann, ohne irgendwann ausbeuterische Tendenzen anzunehmen. Oder hat unsere Wachstumsmaschinerie namens Kapitalismus seinen Zweck erfüllt und wir sollten über ein ganz neues Wirtschaftssystem nachdenken, in dem Unternehmen geführt werden. Ein denkbarer Ansatz hierbei wäre die Postwachstumsökonomie nach dem Ökonomen Niko Paech.

„Als Postwachstumsökonomie wird eine Wirtschaft bezeichnet, die ohne Wachstum des Bruttoinlandsprodukts über stabile, wenngleich mit einem vergleichsweise reduzierten Konsumniveau einhergehende Versorgungsstrukturen verfügt" (Paech, 2009).

Die Theorie seiner Postwachstumsökonomie basiert auf fünf Schritten zur Umsetzung dieses Konzepts, die im Folgenden als möglichen Lösungsansatz für zukünftige Unternehmens- und Wirtschaftsführung zusammenfassend dargestellt werden:

1. Große Stichworte sind Entrümpelung und Entschleunigung in der Postwachstumsökonomie. Man befreit sich von allen Sachen, die viel Zeit und Geld kosten, aber minimalen Nutzen bringen. Darüber hinaus geht es um einen Rückbau industrieller Strukturen um unabhängiger von der Fremdversorgung zu werden und Schritt für Schritt den Menschen zu einem Selbstversorger entwickeln lassen. Damit ist er dem System gegenüber resilienter als zuvor.

2. Um den genannten Industrierückbau umsetzen zu können ist der zweite Schritt nötig. Es ist erforderlich die bisherige Versorgungsstruktur wieder vermehrt regional zu gestalten. Das bedeutet, dass die Distanz zwischen Produzenten und Konsumenten so gering wie möglich gehalten werden muss. Dazu ist jedoch erforderlich, dass die Menschen von sich aus Strukturen der Selbstversorgung fördern, bereitstellen und überhaupt erst ins Leben rufen wie z.B. durch kleine Manufakturen, Gemeinschaftsgärten für den Obst- und Gemüseanbau, Tauschbörsen, Nachbarschaftshilfe, Gemeinschaftsnutzung von Gegenständen usw. kurz gesagt die Globalisierung etwas eindämmen. Angesichts der langen Arbeitszeiten heutzutage ist es unablässig die Arbeitszeit mindestens auf eine 20 Stunden – Woche zu reduzieren, damit die Menschen auch Zeit haben sich neben ihrer Erwerbsarbeit unabhängiger von der Fremdversorgung und dem Wachstumszwang zu machen.

3. Die Regionalökonomie wird zusätzlich gestärkt durch eine Regionalwährung um die Kaufkraft an die jeweiligen Regionen entsprechend zu binden. Man ist somit von globalisierten Strukturen befreiter und kann dennoch das Prinzip der Arbeitsteilung verwenden mit der „Beschränkung" auf Regionalität. Es wäre aus ökologischen Gesichtspunkten von erheblichem Vorteil als auch aus der Perspektive der Krisen-Resilienz des Systems.

4. Produkte, die nicht auf regionaler Ebene produziert werden können, sollten weiterhin auf globaler Ebene produziert werden, aber mit dem Fokus die Produkte langlebiger zu gestalten anstatt wie es heutzutage ist, die Nutzungsdauer von Produkten künstlich zu verringern. Dadurch würde gleichzeitig ein neuer Markt entstehen, in dem sich Unternehmen auf die Instandhaltung von Gütern spezialisieren und dieses Wissen in Form von Kursen weitergeben können. Geplante Obsoleszenz darf nicht mehr Teil des Konsumsystems sein. Somit kann die Produktion langfristig verringert werden ohne Konsumverzicht.

5. Um das Zwei-Grad-Klimaschutzziel bei einer Bevölkerungszahl von 7 Milliarden Menschen zu erreichen, müsste jeder Mensch seine Bedürfnisse im Rahmen eines individuellen $CO_2$-Kontingents von nicht mehr als 2,7 Tonnen pro Jahr befriedigen können. Dieses individuelle Kontingent müsste genauer erfasst werden und jeder hätte dasselbe Recht auf die gleiche Menge während diese auch handelbar wäre, aber die Gesamtmenge die globale Gesamtbelastung niemals überschreiten dürfte (Paech, 2009).

Besser als er könnte ich es selbst nicht formulieren: „Wird innerhalb eines wachsenden ökonomischen Systems versucht, einen bestimmten ökologischen Schaden zu beheben, entstehen anderswo neue Probleme. Das grandiose Scheitern bisheriger Anstrengungen, ökologische Probleme, anstatt durch einen Rückbau des ruinösen Industriemodells mit Hilfe technischer Innovationen zu lösen, ähnelt einer Hydra, der für jeden abgeschlagenen Kopf zwei neue nachwachsen" (Paech, 2012, S.8).

## Schlussteil

Rückgreifend auf die zu Beginn gestellte Fragestellung zeichnet sich ein deutliches Bild ab. Unternehmen werden heutzutage größtenteils zu Gunsten des Profits geführt. Ein großer Kostenträger dieser ganzen Geschichte ist die Natur und damit unser aller Lebensgrundlage. Andererseits profitieren sehr viele Menschen von diesem System und unser Wohlstand wächst. Warum sollten die Unternehmen dann nicht weiterhin so geführt werden wie bisher? Ganz einfach, weil dieses System langfristig nicht mehr tragfähig ist!

Es lässt sich abschließend sagen, dass unser bisheriger Lebensstil in Zukunft einen starken Wandel widerfahren wird. Einige Lösungsansätze wurden zur Beantwortung der Fragestellung beleuchtet. Die Tendenz ist klar. Unternehmen dürfen sich nicht mehr verstecken und dabei noch Rückendeckung von der Politik bekommen. Das bekommen die Unternehmen schon langsam zu spüren, wie beispielsweise durch den Klimazoll Entwurf von Ursula von der Leyen und anderen politischen Bewegungen, die mehr in der Umweltpolitik fordern. Und wenn es an der Politik scheitert gibt es noch die Mitarbeiter, die wie man sehen konnte an den vorherigen Beispielen auch die Unternehmen führen können. Es ist die moralische Verpflichtung der Unternehmen die Umwelt genauso im Blickfeld zu haben wie den Profit.

Trotz der vielen Handlungsempfehlungen seitens der Politik und dem ethischen Aufruf an die Unternehmen ihr bisheriges Wirtschafsmodell zu überdenken, sollten wir niemals vergessen, was auch jeder einzelne von uns bewirken kann. Wir können die Verantwortung nicht bloß auf unser Gegenüber abwälzen. Wir sollten zwar für unsere Forderungen gegenüber der Politik und den Unternehmen kämpfen, aber wir haben durch die Nachfrage eine sehr große Marktmacht, mit der wir viel bewegen können. Schluss mit Überfluss sollte das Appell lauten! Einfach mal nicht konsumieren ist die nachhaltigste Variante des Konsums um Unternehmen zum Umdenken zu bewegen.

Es handelt sich jedoch nicht um eine endgültige Antwort auf die Fragestellung dieses Essays. Im Gegenteil wurde nur ein kleiner Teil beleuchtet mit dieser Arbeit, welcher auch noch neue Fragen mit sich bringt.

Mir stellt sich die Frage wann überhaupt Modernisierungsschritte, die heute um jeden Preis angetrieben werden, ein Ende haben auf einem endlichen Planeten? Kann man sich einfach begründungslos jede Freiheit nehmen, wenn man dafür bezahlen kann und wo sollte man da die Grenze ziehen? Ist der Mensch biologisch so veranlagt nach immer mehr zu streben oder gibt er sich irgendwann auch mal zufrieden?

Hieronymus Bosch Kunstwerk „der Garten der Lüste" ist ein kontrovers diskutiertes Werk mit viel Interpretationsspielraum. Meine anfängliche Interpretation des Bildes in Bezug auf diese Ausarbeitung hat sich bestätigt. Wir befinden uns in der Mitte des Bildes, in einem „paradiesischen" Zustand, wo wir alles haben und sogar mehr als wir eigentlich brauchen, doch unsere Gier nach mehr dazu führen kann unsere bisherige Welt in Zukunft düster aussehen zu lassen wie in der Szenerie seines rechten Flügels im Bild. Die Hoffnung ist noch nicht verloren, doch wir müssen viel dagegen unternehmen und unseren bisherigen Lebensstil überdenken um noch eine Weile im „Paradies" zu verweilen.

# Literaturverzeichnis

Anzenbacher, A. (2012). *Ethik: Eine Einführung* (4. Aufl.). Ostfildern, Deutschland: Patmos-Verlag.

Barth, S. (2018, August 27). Alle kämpfen gegen Plastik – während diese US-Staaten Plastiktüten-Verbote verbieten. Abgerufen 17. Dezember 2019, von https://www.bento.de/nachhaltigkeit/usa-verbieten-gesetzlich-verbote-von-plastiktueten-a-00000000-0003-0001-0000-000002785441

Batthyany, S. (2017b, April 4). Klimawandel-Debatte in Donald Trumps US-Regierung. Abgerufen 27. Dezember 2019, von https://www.sueddeutsche.de/wissen/usa-amerikanische-klimadaemmerung-1.3445892

Binswanger, M. (2010). Ein glückliches Leben statt immer mehr materiellen Wohlstand. *Glück hat viele Gesichter*, 275–292. https://doi.org/10.1007/978-3-531-92533-2_12

Bota, A., Fischermann, T., Nezik, A.-K., Tatje, C., & Yang, X. (2019, Dezember 16). Wirtschaftsethik: Sündige Geschäfte. Abgerufen 28. Dezember 2019, von https://www.zeit.de/2019/52/wirtschaftsethik-moral-kapitalismus-globalisierung

BPtK. BPtK-Studie zur Arbeitsunfähigkeit. *Bundes Psychotherapeuten Kammer*. Abgerufen von https://www.bptk.de/wp-content/uploads/2019/01/20150305_bptk_au-studie_psychische-erkrankungen_und_krankengeldmanagement.pdf

Furlow, N. E. (2010). Greenwashing in the New Millennium. *Journal of Applied Business and Economics*, *10*(6). Abgerufen von http://www.m.www.na-businesspress.com/JABE/jabe106/FurlowWeb.pdf

Gausby, A., & Consumer Insights Lead, Microsoft Canada. (2015). *Attention spans*. Abgerufen von http://dl.motamem.org/microsoft-attention-spans-research-report.pdf

Henning, K. (2019). Künstliche Intelligenz verändert alle Arbeitsplätze. *Smart und digital*, 117–124. https://doi.org/10.1007/978-3-662-59521-3_10

Kentrup, S., Hoffjan, A., & Lachmann, M. (2013). Wie betreiben Unternehmen Lobbying? Eine empirische Analyse der Einflussfaktoren, Ausgestaltungsformen und Strategien. *Schmalenbachs Zeitschrift für betriebswirtschaftliche Forschung, 65*(4), 342–371. https://doi.org/10.1007/bf03373717

Newzoo. (2019, September). Smartphones - Nutzer weltweit nach Region 2016-2019. Abgerufen 16. Dezember 2019, von https://de.statista.com/statistik/daten/studie/996763/umfrage/prognose-zur-anzahl-der-smartphone-nutzer-weltweit-nach-region/

OECD; World Bank; Nationale statistische Ämter. (2019, November). Gesundheit - Lebenserwartung in ausgewählten Ländern bis 2017. Abgerufen 16. Dezember 2019, von https://de.statista.com/statistik/daten/studie/214295/umfrage/weltweite-lebenserwartung-nach-laendern/

Paech, N. (2009) Grundzüge einer Postwachstumsökonomie (2009). Abgerufen 29. Dezember 2019, von http://www.postwachstumsoekonomie.de/material/grundzuege/

Paech, N. (2012). *Befreiung vom Überfluss: Auf dem Weg in die Postwachstumsökonomie.* München, Deutschland: Oekom Verlag GmbH.

Pinzler, P. (2019, Dezember 12). CO2-Grenzausgleich: Klimazoll. Abgerufen 17. Dezember 2019, von https://www.zeit.de/2019/52/co2-grenzausgleich-steuer-klimazoll-ursula-von-der-leyen-eu

Rawls, J. (1975). *Eine Theorie der Gerechtigkeit (A Theory of Justice, 1971),* Suhrkamp Taschenbuch Wissenschaft 271. Frankfurt am Main, Deutschland: Suhrkamp Verlag

UN DESA (Population Division). (2019, Juni). Weltbevölkerung - Anzahl der Einwohner auf der Welt 2019. Abgerufen 16. Dezember 2019, von

https://de.statista.com/statistik/daten/studie/1716/umfrage/entwicklung-der-weltbevoelkerung/

# Anhang

*Abbildung 1: Der Garten der Lüste - Hieronymus Bosch (linker Flügel des Bildes)*

*Abbildung 2: Der Garten der Lüste - Hieronymus Bosch (mittlerer Teil des Bildes)*

*Abbildung 3: Der Garten der Lüste - Hieronymus Bosch (rechter Flügel des Bildes)*

**Gesamtes Bild**

Wikipedia-Autoren. (2004). *Der Garten der Lüste (Bosch)* [Foto]. Abgerufen von

https://de.wikipedia.org/wiki/Der_Garten_der_L%C3%BCste_%28Bosch%29#/media/Datei:El_jard%
C3%ADn_de_las_Delicias,_de_El_Bosco.jpg